Basteln & spielen

Fingerpuppen

Inhalt

Wolli Wolkenschäfchen	2	Die Piraten	12
Vorhang auf für die		Im Wildpark	16
Fingerpuppen	3	Die vier Jahreszeiten	20
Tipps & Tricks	4	Wilder Westen	24
Sonne, Mond und Sterne	6	Vorlagen	28
Im Zauberwald	8	Bildnachweis, Impressum	32

SÜDWEST

Wolli Wolkenschäfchen

Aus einer Streichholzschachtel
entsteht der gute Herr Mond.

Strahlend schön steht Frau Sonne am Westhimmel. In ihrer Nähe döst Schäfchenwolke Wolli vor sich hin. Langsam kommt Frau Sonne Wolli näher und ruft mit heller Stimme: »Hey, du! Du, Wollilein! Was möchtest du denn einmal werden, wenn du größer bist?« Wolli ist völlig überrascht: »Was ist? Oh, was? Äh, ich weiß nicht so recht. Sonne, was machst du denn so nah bei mir? Geh weg! Wenn du noch näher kommst, löse ich mich in Nichts auf. Ich muss Windvater rufen. Windvaaaaater! Hilfe, ich verdunste!« Windvater, der im Verborgenen das Gespräch der beiden mitgehört hatte, saust aufbrausend herbei. »Huuuuahh, Sonne, lass Wolli in Ruhe! Sonst – huuuuahh – rufe ich Zacki Blitz und Donni Wolke. Du weißt sehr wohl, wenn sich die beiden zusammentun, huuuuahh, hast du nichts zu lachen – huuuuahh.« Etwas beleidigt näselt Frau Sonne: »Spielverderber! Außerdem, was willst du eigentlich. Sieh doch, wie spät es ist. Auf diesem Teil der Erde haben meine Strahlen eh keine Kraft mehr. Es ist sowieso Zeit für mich, zur anderen Erdhälfte zu wandern. Dort wartet Frau Morgenstunde sicher schon auf mich. Also, bis bald, Windvater.« – »Ja, bis bald, huuuuh«, haucht Windvater und weht sanft zu Wolli herüber. Gähnend sagt er: »Es wird wohl heute nichts mehr für mich zu tun geben. So kann ich mich in aller Ruhe noch ein bisschen aufs Ohr legen. Du, Wolli, kannst ja unterdessen mit den Sternkindern Fangen spielen.« Das ist natürlich eine Attraktion für Wolli. Ganz aufgeregt ruft sie: »Juchuh! Sieh nur, Windvater! Herr Mond ist bereits dabei, die Sternkinder zu wecken. Puste mich doch gleich zu ihnen hinüber.« Gesagt, getan. »Guten Abend, Herr Mond! Darf ich mit den Sternkindern spielen?« – »Guten Abend, Wolli. Aber ja doch. Schnupp Stern ist bereits wach. Schau, er ist dort drüben.« Wolli eilt davon und stößt beinahe mit Schnupp Stern zusammen. »Hallo, Schnupp! Komm, lass uns mit den anderen Fangen spielen.« – »Ja«, antwortet Schnupp Stern. »Aber nicht zu lange, Wolli. Vater Mond wünscht heute eine sternenklare Nacht.«

Vorhang auf für die Fingerpuppen

Im Fingerpuppentheater wird dem Publikum so einiges geboten: Seeräuber fahren über die sieben Weltmeere, Feen huschen durch den Zauberwald, und im Wilden Westen jagen Winnetou und Old Shatterhand üble Schurken. Doch bevor die Abenteuer beginnen können, musst du die »Schauspieler« erst einmal basteln. In diesem Buch findest du viele Anregungen, aus welchen Materialien du Fingerpuppen fertigen kannst und was es für Techniken gibt, um Fingerpuppen herzustellen.
Du kannst natürlich auch eigene Figurengruppen für neue Theaterstücke kreieren. Übernimm einfach ein Grundmodell der in diesem Buch vorgestellten Puppen. Überlege dir dann, was du gerne spielen möchtest. Magst du zum Beispiel den Zirkus? Dann brauchst du natürlich einen Zirkusdirektor, einen Clown, einen Zauberer und Artisten.

Wie wäre es mit einem Fingerpuppen-Bastel-Theaterfest? Lade dazu Freunde und Bekannte ein. Je größer die Bastelrunde ist, desto lustiger und origineller fallen meist auch die Figuren aus. Und während ihr die Figuren bastelt, könnt ihr euch schon einmal ein kleines Theaterstück ausdenken.

Auf deiner Puppenbühne kannst du mit Figuren aus ganz unterschiedlichen Materialien spannende Theaterstücke aufführen.

Mein eigenes kleines Theater

Für Fingerpuppen findet man überall eine Bühne: auf dem Boden, auf der Sessellehne, über einem Karton. Du kannst auch einen Besenstiel über zwei Stühle legen und eine Decke darüber hängen. Oder du bastelst dir ein »richtiges« Theater aus einer Schachtel. Nimm dafür einen hohen Verpackungskarton. Schneide bis auf die Vorderwand und die Seitenwände alles weg. Danach musst du ein Fenster aus dem Vorder- bzw. Mittelteil ausschneiden. Klebe dann am Fenster zwei Stoffstücke als Vorhang auf. Das Spiel kann beginnen.

Die Hexe Flusenschussel sorgt für Chaos im Zauberwald.

Tipps & Tricks

Auf den folgenden Seiten findest du ein paar Tipps zu grundlegenden Basteltechniken. In der nebenstehenden Liste sind die wichtigsten Werkzeuge, die du für fast alle Fingerpuppen benötigst, aufgeführt. Was du sonst noch brauchst, um die Spielfiguren zu basteln, kannst du den Materiallisten neben den jeweiligen Bastelanleitungen entnehmen.

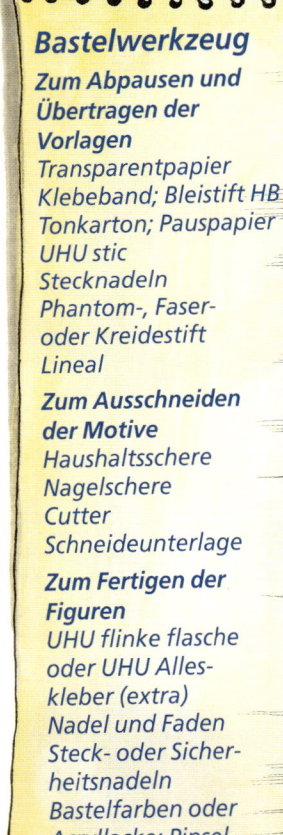

Bastelwerkzeug

Zum Abpausen und Übertragen der Vorlagen
Transparentpapier
Klebeband; Bleistift HB
Tonkarton; Pauspapier
UHU stic
Stecknadeln
Phantom-, Faser-
oder Kreidestift
Lineal

Zum Ausschneiden der Motive
Haushaltsschere
Nagelschere
Cutter
Schneideunterlage

Zum Fertigen der Figuren
UHU flinke flasche
oder UHU Alles-
kleber (extra)
Nadel und Faden
Steck- oder Sicher-
heitsnadeln
Bastelfarben oder
Acryllacke; Pinsel

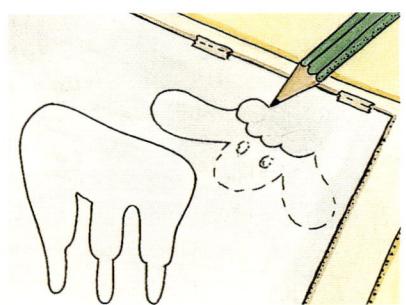

Abpausen Lege das Transparentpapier auf die Vorlage und befestige es mit kleinen Klebebandstücken. Zeichne alle Konturen möglichst exakt nach. Löse das Transparentpapier vorsichtig wieder ab.

Übertragen Klebe das Transparentpapier auf den Tonkarton. Schiebe das Pauspapier dazwischen. Zeichne alle Konturen erneut nach. Prüfe den Übertrag, bevor du das Transparentpapier wieder entfernst.

Schablone machen Für Stoffzuschnitte brauchst du eine Schablone. Pause das Motiv ab, schneide es großzügig aus und klebe es auf hellen Tonkarton auf. Schneide dann die Form exakt aus.

Schablone übertragen Lege die Schablone auf den Stoff. Stecke sie mit Nadeln fest. Umrande sie dann mit einem Phantom-, Faser- oder Kreidestift. Jetzt kannst du die Form ausschneiden.

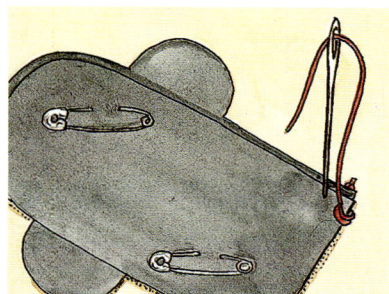

Auf- und Abstich Hefte die Stoffteile zusammen. Faden auffädeln; Ende verknoten. Stich von unten nach oben an den Stoffkanten ein und umnähe die Stelle zweimal. Dann 2 mm weiter vorne einstechen.

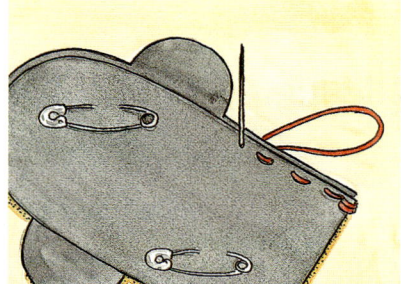

Danach stichst du die Nadel 1 mm weiter von unten wieder nach oben. Arbeite weiter, bis du die gegenüberliegenden Kanten erreicht hast. Umnähe diese zweimal und fixiere das Ende mit einem Knoten.

Lass eine Schere niemals offen auf dem Tisch liegen. Wenn du mit einem Cutter gearbeitet hast, schiebe stets die Klinge zurück in den Schaft. So vermeidest du Unfälle. Am besten »parkst« du dein Werkzeug in einer »Garage«; das kann ein Karton oder ein Becher sein. Wenn du ein Werkzeug längere Zeit nicht brauchst, lege es zurück in die Garage. So hast du immer eine freie Arbeitsfläche.

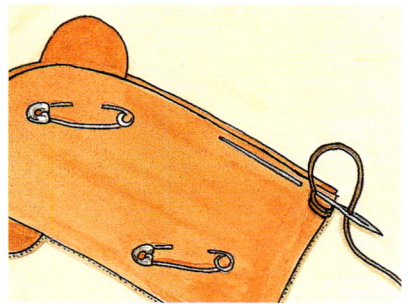

Steppstich Diese Naht ist sehr dicht. Beginne wie zuvor beschrieben. Stich dann die Nadel 1 mm hinter dem Ausstich ein und nach 3 mm gleich wieder aus. Ziehe Nadel und Faden durch.

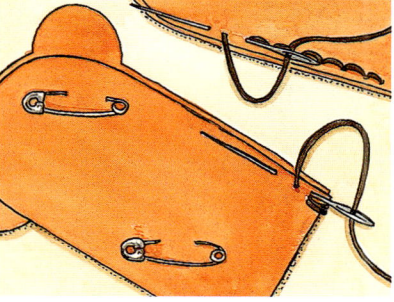

Stich die Nadel in das gleiche Loch wie zuvor ein und 6 mm weiter vorne wieder aus. Stich dann in den vorletzten Ausstich ein und 6 mm weiter vorne aus. Arbeite so weiter. Beende die Naht wie zuvor.

Wenn du Figuren bastelst, die angemalt werden müssen, verwende wischfeste Bastelfarben (Plakatfarben) oder Acryllacke auf Wasserbasis. Plakatfarben trocknen matt auf. Sie können nach zehn Minuten bereits übermalt werden. Acryllacke trocknen glänzend auf. Sie brauchen ca. 30 Minuten Trockenzeit, bevor man sie übermalen kann. Beide Farben brauchen etwa einen Tag, bis sie völlig durchgetrocknet und wischfest sind. Die Pinsel kann man bei beiden Farben ganz einfach in einem mit Wasser gefüllten Joghurtbecher reinigen.

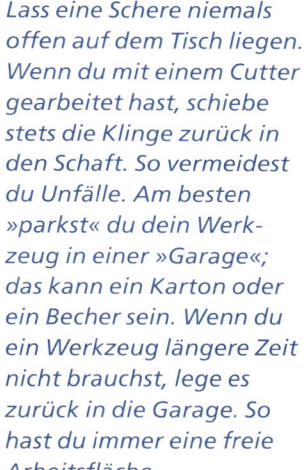

Zum Kleben von Stoff oder ähnlichen Materialien gibt es beispielsweise UHU Alleskleber Kraft. Er ist lösemittelhaltig, also bei der Verwendung das Fenster öffnen und gut lüften.

Sonne, Mond und Sterne

Material

1 Streichholzschachtel pro Figur

Tonkarton in Schwarz, Weiß, Hellblau, Gelb, Gelborange, Silbergrau

Wellpappe in Schwarz und Weiß

Bastelwatte, Kosmetikwatte oder Vlies

Silberfolie, selbstklebend

Deckweiß

Faserstift in Schwarz, Rot und Blau

Bastelwerkzeug (siehe Seite 4)

Entnimm die Farben der Figuren der Abbildung. Beim Ausmalen der Gesichtszüge malst du zuerst das Augenweiß und dann die Pupillen.

Die Schäfchenwolke Wolli erlebt jeden Tag Abenteuer mit ihren Freunden. Frau Sonne mag es nicht, wenn Windvater ihr Wolken vor das Gesicht schiebt. Wenn da bloß nicht Donni Wolke und Zacki Blitz kommen. Herr Mond und Schnupp sind zufrieden, wenn die Sternkinder jede Nacht strahlen können. Die Vorlagen findest du auf Seite 28.

1 Für jede Figur musst du zuerst eine Streichholzschachtel mit Tonkarton umkleben. Schneide dazu einen 5,5 x 12 cm großen Tonkartonstreifen aus. Miss dann von einer Schachtelkante zur nächsten. Übertrage die Eckmaße nacheinander auf den Kartonstreifen und ziehe an diesen Stellen mit Lineal und Nagelschere Falzrillen. Umkleide die Schachtel mit dem gefalzten Karton.

2 Ziehe das Schubladenteil heraus und überklebe den Boden mit einem entsprechend großen Tonkartonrechteck. Stecke die Schublade so weit zurück in die Schachtelhülle, dass sie etwa zur Hälfte herausschaut.

3 Schneide mit der Schere aus der Wellpappe ein 7 x 7 cm großes Quadrat aus. Rolle es über deinem Finger ein und klebe die lose Kante fest. Gib UHU auf ein Rollenende und klebe es mittig auf die Schubladenwand, die innerhalb der Hülle liegt.

4 Pause die Vorlage für die jeweilige Figur ab. Übertrage die Formen auf Tonkarton, schneide das Motiv aus und male mit Deckweiß und Faserstiften die Gesichtszüge sowie alle Innenkonturen auf.

5 Arrangiere die Teile auf dem herausragenden Bodenteil der Schachtel. Für die Schäfchenwolke klebst du zuerst die Beine, dann einen kleinen Wattebausch und darüber den Kopf auf. Beim Windvater befestigst du zuerst einen flachen Wattebausch und darüber das Wolkengesicht.

6 Übertrage für Zacki Blitz den kleinen Blitz zweimal auf gelben Tonkarton. Schneide die Teile aus. Überklebe eine Form mit Silberfolie und schneide sie entsprechend nach. Klebe die Teile etwas versetzt auf die Schachtel.

7 Für Donni Wolke überträgst du die Pauke, die ovale Schlagfläche und den Schlagstock auf gelben Karton. Schneide die Teile aus und überklebe bei Pauke und Stock eine Seite mit Silberfolie. Die Form nachschneiden, dann die Teile aufkleben.

Im Zauberwald

Material

Tonkarton in verschie-
denen Farben

Tonpapier in Weiß

Plüsch in Orange

Silberfolie, selbstkle-
bend

Tüllreste

Vlies oder Bastelwatte
in Weiß

Wellpappe in ver-
schiedenen Farben

Holzspieße

Filzreste

Faserstifte in Rot
und Schwarz

Stopfnadel

Bastelwerkzeug
(siehe Seite 4)

Im Zauberwald können sogar die Bäume sprechen. Sie beobachten Hexe Flusenschussel bei ihren unsinnigen Taten. Die Zwerge sind darüber schon gar nicht mehr erstaunt. Zur Freude aller gibt es die Feenmutter. Sie bringt immer wieder Ordnung in das Zauberchaos; ihr Zauberstab Tau hilft ihr dabei. Die Vorlagen findest du auf Seite 31.

1 Zuerst paust du die Vorlagen ab. Übertrage dann pro Figur einmal den Körper auf farbigen Tonkarton. Die Gesichter überträgst du auf weißes Tonpapier. Schneide alle Formen aus.

2 Nimm ein Körperteil und ziehe es ein paarmal über die Tischkante, bis es sich einrollt. Auf diese Weise lässt es sich leichter tütenförmig zusammenkleben: Gib UHU auf die Kante und lege die Tüte in Form; die Spitze muss nicht ganz geschlossen sein. Warte nun etwas, bis der Klebstoff anzieht. Lege dann die Tüte mit den Überlappungskanten voran auf den Tisch und streiche mit dem Finger innen über die Klebefläche. Auf diese Weise erhältst du eine feste Verbindung.

kannst du in Rot andeuten; am besten orientierst du dich an der Abbildung. Klebe die Gesichter auf die Körper. Platziere sie dabei nicht mittig, sondern etwas nach oben versetzt.

4 Um die Augen der Tannen zu fertigen, kannst du einen Locher verwenden. Stanze vier runde Stücke aus Tonpapier aus und male Pupillen auf. Klebe die Augen auf. Schneide Nasen und Münder aus einem zum Körper kontrastierenden Tonkarton. Die Formen kannst du selbst bestimmen. Wie wäre es mit einem lachenden und einem grimmigen Mundausdruck? Für die Nasen kannst du Kreise oder Dreiecke ausschneiden.

3 Zeichne die Gesichtszüge mit schwarzem Faserstift nach; Mund und Wangen

5 Klebe alle Teile auf die Körper. Nun benötigst du noch pro Tanne zweimal den Zweig für die Arme sowie einmal die

Egal, ob die Hexe rote Plüschhaare oder violette Haare aus Märchenwolle bekommt, Hauptsache sie wird schön hässlich.

Form für die Krone. Übertrage die Formen auf zum Körper kontrastierenden Tonkarton. Schneide die Teile mit der Nagelschere aus. Klebe die Arme seitlich an die Körper und die Kronen oben an die Spitzen.

6 Bei der Hexe klebst du einfach einen ca. 10 x 1,5 cm großen Plüschstreifen als Haare über den spitzen Teil des Körpers. Schneide die Hakennase aus rotem Karton aus, gib UHU auf die gerade Kante und klebe sie auf.

7 Die Feenmutter muss richtig strahlen. Verziere sie daher mit vorgestanzten oder selbst ausgeschnittenen Sternen aus selbstklebender Silberfolie. Um das Unterkleid anzudeuten, klebst du ein aus Folie geschnittenes kleines Dreieck auf der Vorderseite auf. Ein schmaler Folienstreifen bildet das Stirnband.

8 Fädle dann eine Ecke eines 20 x 10 cm großen Tüllrechtecks in eine Stopfnadel, stecke sie von oben durch die Spitze des Körperteils und ziehe die Tüllecke hinein. Fixiere den Tüll von innen mit Klebstoff. Drapiere den Schleier um den Körper. Am besten befestigst du ihn an zwei bis drei Stellen mit Garn.

9 Die beiden lustigen Zwerge bekommen wuschelige weiße Bärte. Dafür brauchst du nur etwas Vlies oder Bastelwatte. Klebe etwas von der Watte oder kleine Vliesabschnitte auf die Gesichter. Du kannst damit auch Haare andeuten. Wie lang die Bärte werden, kannst du selbst entscheiden.

10 Um die Puppen auf die Finger stecken zu können, brauchst du kleine Röhrchen aus Wellpappe: Schneide für die Tannen je ein Rechteck von 7 x 12 cm und für die übrigen Figuren je ein Rechteck von 7 x 8 cm zu. Rolle jedes Rechteck über deinem Finger ein und klebe die lose Kante fest. Danach gibst du Klebstoff auf ein Rollenende und setzt die passende Figur darauf.

Früher glaubte man, dass Frauen, die besonders viel über Kräuter und Krankheiten wussten, Hexen wären. Seit dem Mittelalter wurden solche Frauen verfolgt, weil man meinte, sie stünden mit dem Teufel im Bunde. Heute wissen wir, dass es Hexen nur im Märchen gibt.

Diese kleine Spielgruppe lässt sich jederzeit vergrößern. Wie wäre es noch mit einer Elfe? Diese kannst du wie die Feenmutter basteln; lass jedoch Zauberstab und Tüll weg und gib ihr stattdessen kleine, ovale Flügel. Hexe Flusenschussel ist ganz froh, alleinige Herrscherin im Zauberwald zu sein. Doch was glaubst du wird wohl passieren, wenn plötzlich ein böser Zauberer mit übergroßem Hut auf der Spielfläche erscheint?

Die Feen, die wir aus den Sagen kennen, sind schöne, zauberkundige Frauen, die den Menschen mit ihrem guten Zauber helfen. Wenn aber jemand undankbar ist, dann bestrafen sie ihn. Die Feen leben in Wäldern und an magischen Orten wie Quellen und Grotten.

11 Zwei der Figuren haben magische Gegenstände bei sich. Die Hexe hat einen Zauberbesen und die Feenmutter einen Zauberstab namens Tau. Damit die Figuren diese Gegenstände halten können und die Requisiten nicht verloren gehen, musst du Ösen an den Figuren befestigen. Hierzu rollst du jeweils einen 8 x 1 cm großen Wellpappestreifen über einem Holzspieß ein; fixiere dabei Anfang und Ende mit UHU. Ziehe die Öse vom Holzspieß und klebe sie auf den Körper.

12 Für den Besen und den Zauberstab benötigst du jeweils einen kleinen Holzspieß sowie je ein 8 x 4 cm großes Rechteck aus Filz und aus zusammengeklebter Silberfolie. Schneide jeweils eine Längskante der Rechtecke fransig ein. Trage entlang der gegenüberliegenden Kante UHU auf und wickle die Rechtecke an einem Ende auf den betreffenden Spieß. Beklebe den Stiel des Zauberstabs mit Silberfolie. Nun kannst du die Requisiten in die Ösen stecken.

Du kannst den Zwergen auch einen Zaubersack basteln. Dazu benötigst du ein ca. 6 x 4 cm großes Filzrechteck. Binde es ab, als ob du einen Sack zuschnüren würdest. Klebe dann einen 2,5 cm langen Holzspieß auf der Rückseite auf, um den Sack in die vorher angeklebte Öse einstecken zu können.

Hexe Flusenschussel und der Goldschatz

Flusenschussel hat beobachtet, wie zwei Zwerge in der Funkelsteinhöhle verschwunden sind. Sie sprachen dabei von edlem Gold. Habgierig, wie Flusenschussel nun mal ist, schleicht sie seitdem jeden Tag zur Höhle. »Wenn ich doch nur dieses Gold hätte«, denkt sie laut, »könnte ich mir die schönsten Kleider kaufen.« – »Wie wäre es einmal mit ehrlicher Arbeit?«, fragt da die Tanne neben ihr. Darauf Flusenschussel: »Arbeiten, brrr, nein danke!« Dann wütend: »Du, du, du und deine Tannentanten, ihr seid doch schuld, dass ich nicht in die Höhle gehen kann. Jedesmal, wenn ich einen Fuß hineinsetzen möchte, baut sich eine von euch dämlichen Tannen davor auf.« Die Tanne entgegnet: »Das ist der Wunsch der Feenmutter. In die Höhle dürfen nur die fleißigen Zwerge.« ... Wie kommt Flusenschussel wohl in die Höhle hinein? Spiele die Geschichte einfach weiter.

Die Piraten

Material

5 Watteeier, ca. 5 cm hoch

5 kleine Wattekugeln

Bastelfarbe in Hauttönen und Weiß

Wellpappe in verschiedenen Farben

Langhaarplüsch und/oder Märchenwolle

Filz in Schwarz

Federn

1 Schraubhaken

Stoffreste, Zierband und ausrangierte Socken

Tonkarton

3 Streichholzschachteln

Holzspieße

Glas oder Becher

Schwarzer Faserstift

Bastelwerkzeug (siehe Seite 4)

Du kannst den Piraten, die von Kapitän Hook angeführt werden, lustige Namen geben.

Kennst du das Märchen »Peter Pan«? Der Erzählung nach gibt es das Niemalsland, wo der böse Kapitän Hook und seine Piraten ihr Unwesen treiben. Hook bevorzugt große Hüte mit langen Federn. Außerdem liebt er mit Brokat verzierte Mäntel. Aber am auffallendsten an ihm ist seine eiserne Klaue. Die Vorlagen findest du auf Seite 29 und 31.

1 Zuerst malst du Kopf und Nase in einem dunklen Hautton an. Nimm dazu jeweils ein Watteei und eine Wattekugel und stecke sie auf Holzspieße. Bemale sie und stelle sie dann zum Trocknen in ein Glas.

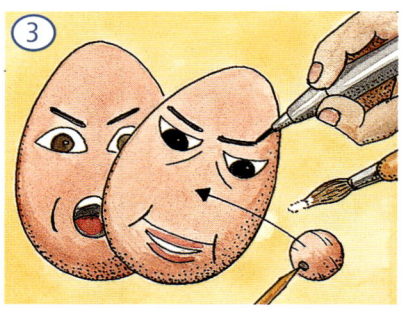

2 Für einen Rollkragen schneidest du ein 12 x 4 cm großes Rechteck aus der Wellpappe aus. Rolle es um deinen Finger ein und klebe das Ende fest. Ringelmuster erhältst du, wenn du farblich kontrastierende, schmale Pappstreifen aufklebst.

3 Nimm ein Watteei mit dem spitzen Ende nach oben und male zuerst das Augenweiß und den Mund auf. Umrande die Augen mit dem schwarzen Faserstift. Male die Augenbrauen und ein paar Falten dazu. Beim Mund deutest du Ober- und Unterlippe nur an. Klebe eine Wattekugel als Nase auf.

4 Befestige das Rollkragenteil am Kopf. Wenn der Klebstoff trocken ist, kannst du die Seeräuber komplettieren: Für Haare aus Plüsch benötigst du ein 5 x 5 cm oder ein 8 x 5 cm großes Stück. Kerbe die Kanten vor dem Aufkleben ein- bis zweimal ein. Für Haare aus Märchenwolle bindest du ein ca. 15 cm langes Büschel in der Mitte zusammen. Ziehe die Wolle auseinander und klebe das Haarteil auf.

5 Bei der weiteren Gestaltung beginnst du mit Kapitän Hook. Klebe als Spitz- und Zwirbelbart kleine Plüschrechtecke mit je einem Tropfen UHU auf das Gesicht. Jetzt kommt das Kostüm dran.

6 Fertige den Hut aus schwarzem Filz. Schneide als Hutkrempe einen 10 cm großen Kreis. Für das Oberteil verwendest du die Vorlage von Seite 31. Schneide das Teil zu und klebe es tütenförmig zusammen. Die Kanten überlappen sich dabei 2 cm breit. Gib etwas UHU auf die Unterkante und klebe das Oberteil mittig auf die Krempe. Wenn der Klebstoff trocken ist, schneidest du die Krempe in der Mitte strahlenförmig ein. Du darfst dabei nicht über das Oberteil hinausschneiden! Danach drückst du die Spitze des Oberteils nach innen. Mit einer Feder verziert, klebst du den Hut auf den Kopf von Kapitän Hook.

7 Für den Arm mit Klaue gibst du Klebstoff auf den Schraubhaken und rollst ihn in ein 2 x 4 cm großes Wellpapperechteck ein. Danach klebst du den Arm auf. Verziere ein 9 x 9 cm großes Stoffquadrat mit einer Borte und klebe es als Mantel um den Hals.

8 Nun gestaltest du die übrigen Seeräuber. Für einen schönen Vollbart benötigst du ein kleines Plüschrechteck; kerbe es an einer Längskante dreimal ein und klebe es im Gesicht fest. Für eine Augenklappe schneidest du ein Oval aus schwarzem Filz. Klebe das Filzstück mit einem Tropfen UHU auf einen 20 cm langen Faden. Binde die Augenklappe um den Kopf. Fixiere sie mit etwas Klebstoff und schneide die Fadenenden ab.

9 Ein Kopftuch kannst du aus einem 16 cm großen Stoffquadrat fertigen. Teile es diagonal und binde ein Teil davon von vorne nach hinten um den Kopf eines Piraten. Für ein Stirnband brauchst du einen schmalen Stoffstreifen in der Länge des Kopfumfangs plus 10 cm; binde den Knoten seitlich am Kopf.

10 Für eine Pudelmütze schneidest du aus dem Socken ein 14 x 9 cm großes Rechteck aus. Nähe die Schmalseiten mit lockeren Stichen zusammen. Ziehe dann an einem offenen Ende einen Faden ein; ziehe an den Fadenenden und binde sie fest zusammen. Stülpe die Mütze auf rechts und rolle die offene Kante ein. Fixiere die Rollkante mit UHU.

Pirat ist nicht gleich Pirat. Diejenigen, die früher im Auftrag des Staates plünderten, nannte man Freibeuter. So zum Beispiel Sir Francis Drake. Er stand im 16. Jahrhundert im Dienst der englischen Königin Elisabeth I. und kaperte in ihrem Auftrag spanische Schiffe.

Dunkle Hauttöne kannst du aus den Farben Haut bzw. Fleisch und Rotbraun mischen: Gib etwas von dem Hautton in ein Gefäß und träufle nach und nach etwas Rotbraun hinein. Verrühre jedesmal die Farben gut, um den Farbton zu überprüfen.

Im 17. Jahrhundert hatte die Piraterie Hochsaison. Port Royal, damals die größte Stadt auf Jamaika, war Treffpunkt aller See-räuber. Hier blühte der Handel mit Gold, Silber und Juwelen. Den Seeräu-bern fiel es nicht schwer, ihre erbeuteten Schätze unter das Volk zu bringen. Denn die Weiterverkäufer, die Händler, verdienten sehr gut an den Raubzü-gen der Piraten.

11 Für die Säbel und Pistolen paust du die Vorlagen auf Transparentpapier ab. Übertrage die Formen auf Tonkarton. Toll sehen die Waffen aus, wenn du den Bereich der Klingen mit Silber- oder holo-grafischer Folie überklebst. Befestige die Waffen mit einem Tropfen UHU an den Körpern.

12 Die Schatztruhe der Seeräuber bastelst du aus den Schubladenteilen der Streichholzschachteln. Klebe zwei Schub-laden mit den Böden gegeneinander. Umkleide das Ganze mit einem etwa 13,5 x 3,5 cm großen Rechteck aus gelber Wellpappe.

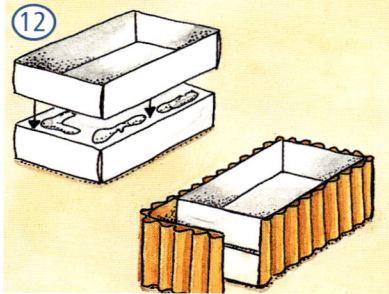

13 Schneide für den Truhendeckel bei der dritten Schublade den Boden heraus. Schneide dann aus der Wellpappe ein ca. 5 cm langes und 3,2 cm breites Oval aus und halbiere es der Breite nach. Klebe die Teile seitlich auf die Innenwände des Rahmens. Umkleide dann den Deckel-rahmen mit einem 13 x 1,5 cm großen Streifen aus Wellpappe.

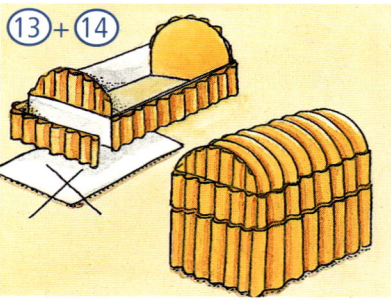

14 Für die Wölbung benötigst du ein ca. 8 x 5 cm großes Rechteck; klebe es auf die seitlichen Rundungen auf. Setze den Deckel auf die Truhe und klebe auf der Rückseite über beide Teile einen schma-len Stoffstreifen als Scharnier auf.

Die wilden Piraten haben einen wertvollen Schatz entdeckt.

Der Schatz von Port Royal

Zwei Seemänner sind auf dem Weg in eine Taverne. Sie sind ganz aufgeregt. Auf der letzten Fahrt haben sie nämlich eine Schatzkarte erbeutet. In der Taverne tuscheln sie so laut, dass ein dritter Seemann aufmerksam wird. Mit übergroßen Ohren belauscht er die beiden. Sofort eilt er zu seinem Kapitän und berichtet, was er gesehen und gehört hat. Kurze Zeit später sind die beiden Seemänner Gefangene auf dem Schiff von Kapitän Hook... Du willst wissen, wie die Geschichte weitergeht? Lass dir einfach aufregende Abenteuer für die Piratenmannschaft auf ihrer Schatzsuche einfallen.

Ab 6 Jahren unter Anleitung eines Erwachsenen.

Im Wildpark

Im Wildpark ist viel los. Da ist zum Beispiel Schlecki Braunbär, der immer in der Proviantkiste von Fitus Fox, dem freundlichen Aufseher, herumstöbert. Vor Schlürf Rüsselfant hat jeder Respekt. Fips Klettermax findet alles aufregend. Aber richtig spannend wird's, wenn Faucho Leopardo erscheint. Die Vorlagen findest du auf Seite 30 und 31.

Material

Filz in Beige, Braun, Grau u. Gelborange (für die Körper) sowie in Weiß, Schwarz, Gelb, Hellbraun, Hellblau, Rot, Grün und Hellgrau
Plüschreste oder Märchenwolle
Tonkarton in Ocker
1 kleine Tiernase
Kleine Holzperlen
1 Blumendraht
Knopflochgarn und Nadel; Faserstift
Bastelwerkzeug (siehe Seite 4)

Knopflochgarn ist reißfest. Du kannst aber stattdessen auch doppelt gelegtes Nähgarn verwenden. Bestimme die Farbtöne selbst.

1 Pause die Vorlagen ab und fertige Schablonen. Übertrage nun pro Figur einmal das Körperteil mit Ohren (Rückteil) und einmal ohne Ohren (Vorderteil) auf die Filze; schneide die Teile aus.

2 Lege jeweils das Vorderteil auf das Rückteil und nähe die Teile entlang der Vorderteilkante zusammen; beachte hierzu die Anleitungen für Handstiche im Kapitel Tipps & Tricks auf Seite 5.

3 Fitus Fox hat einen Körper aus beigefarbenem Filz. Zur weiteren Ausstattung benötigst du noch folgende Zuschnittteile aus Filz: zweimal den Hut in Hellbraun; die Nase in Beige; die Augen in Weiß sowie die Pupillen in Schwarz; für den Kragen zwei 5 x 1 cm große Rechtecke in Weiß. Zuletzt schneidest du aus Plüsch noch zwei 5 x 1 cm große Haarteile zu.

4 Klebe die Haare beidseitig auf, dann die Hutteile darüber. Als Hutband kannst du einen Faden anbringen. Klebe ein ganzes Kragenteil auf die Körperrückseite. Das andere Teil kerbst du mittig ein, um Kragenecken anzudeuten; klebe das Teil auf. Anschließend befestigst du Augen und Nase. Arbeite entlang der Mundkontur eine Steppnaht. Schneide

ein Gewehr aus dem ockerfarbenen Tonkarton aus, und schon ist Fitus Fox perfekt ausgerüstet.

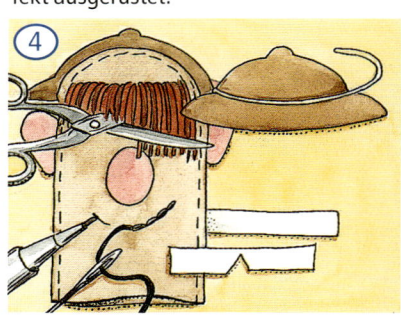

5 Schneide Schleckis Körper aus braunem, Innenohren und Schnauze aus beigefarbenem, die Zunge aus rotem Filz aus. Steppe die Maulkontur nach, schneide dann den Filz knapp an der Naht ein, schiebe die Zunge in das Maul. Klebe Schnauze, Innenohren und Nase auf.

6 Als Augen klebst du zwei schwarze Perlen auf das Gesicht. Betrachte die Vorlage und schneide für den Bienenkorb und die Biene entsprechende Formen frei Hand aus weißem und gelbem Filz. Bevor du die Teile aufklebst, kannst du noch auf dem Korb mit Handstichen Flechtrillen andeuten.

7 Schlürf Rüsselfant wird aus grauem Filz gebastelt. Um ihn richtig ausstatten zu können, benötigst du folgende Zuschnittteile aus Filz: Die Innenohren in Hellblau; das Maul in Schwarz und Rot; die Augen in Weiß, die Iris in Hellblau sowie die Pupillen in Schwarz; die Oberlider in Grau. Klebe alle Teile mit UHU auf.

8 Für den beweglichen Rüssel schneidest du nun die Kreise entsprechend den Angaben auf der Vorlage aus grauem Filz zu. Zum Auffädeln der Rüsselteile beginnst du mit den kleinsten Kreisen: Fädle einen Kreis und dann eine Perle auf. Stich dann die Nadel 3 mm neben dem Ausstich wieder zurück. Fädle eine Perle auf und verknote das Fadenende um sie herum. Nun fädelst du in aufsteigender Größe abwechselnd einen Kreis und eine Perle auf; ende mit einer Perle.

9 Ziehe den Faden an der Nasenposition in das Körpervorderteil ein. Gib UHU auf den letzten Rüsselkreis und klebe ihn auf; dabei fixierst du gleichzeitig die letzte Perle. Lass den Faden unten 20 cm aus dem Körper herausschauen und mache am Ende einen Schlingenknoten. Wenn der Klebstoff völlig getrocknet ist, kannst du Schlürf Rüsselfant trompeten lassen. Setze ihn einfach auf deinen Finger und führe den Faden über den Handrücken. Nun brauchst du nur noch an dem Faden zu ziehen. Wenn du deinem »Finger-Jumbo« noch einen Haarschopf aus blauem oder grauem Plüsch aufklebst, sieht das recht lustig aus.

10 Faucho Leopardo hat einen Körper aus gelborangefarbenem Filz. Schneide für die weitere Ausstattung noch folgende Teile aus Filz zu: die Innenohren und das Maul in Schwarz; die Schnauze in Beige; für die Fangzähne zwei kleine Dreiecke in Weiß; die Augen in Weiß sowie die Pupillen in Schwarz. Klebe alle Teile auf. Als Nase klebst du eine schwarze Perle auf. Direkt darunter befestigst du ein kurzes, schwarzes Fadenstück. Schneide ca. 3 cm lange Fäden ab und klebe sie als Tasthaare dazu.

Elefanten sind die größten Säugetiere auf dem Land. Mit ihren starken Rüsseln können sie sehr große und schwere Lasten heben. Die Indischen Elefanten werden daher als Arbeitstiere eingesetzt. Elefanten sind sehr klug und sie haben ein sehr gutes Gedächtnis. Die Lebenserwartung ist etwa so hoch wie bei einem Menschen.

Wenn du für Schlecki Braunbär keine passende Tiernase hast, dann schneide aus schwarzem Filz eine ovale Form aus und klebe sie ihm als Nase auf.

Leoparden leben in den Savannen und Urwäldern Afrikas. Diese Großkatzen sind gute Jäger und Kletterer. Manche Leoparden sind schwarz, man nennt sie dann schwarze Panther. Wegen des schönen Fells wurden die Leoparden vom Menschen beinahe ausgerottet.

11 Für Faucho Leopardos Schwanz brauchst du ein 16 cm langes Stück Blumendraht. Schneide aus dem gelborangefarbenen Filz ein 16 x 4 cm großes Rechteck aus und wickle darin den Blumendraht ein. Gib dazu UHU auf die Längskante und lege den Draht bündig auf. Warte bis der Klebstoff fast trocken ist; aufwickeln und die lose Kante festkleben. Schneide nun noch kleine, schwarze Filzovale aus und klebe sie als Fellmuster auf die Körperteile. Zuletzt klebst du den Schwanz fest.

12 Fips Klettermax wird aus grauem Filz gearbeitet. Schneide die Innenohren und die Schnauze aus hellgrauem Filz aus; Mund und Nasenlöcher aus schwarzem Filz. Weiterhin benötigst du aus Filz die Augen in Weiß sowie die Pupillen in Schwarz. Klebe alle Teile auf. Fertige den Schwanz, wie bei Faucho Leopardo beschrieben, verwende aber grauen Filz. Fips Klettermax turnt meist in den Bäumen herum; arrangiere daher noch ein paar grüne Filzblätter auf dem Körper des lustigen Affen.

Du kannst auch eigene Tiermotive gestalten. Wie wäre es mit Leo Quastenschwanz? Für ihn kannst du die Körpervorlage von Faucho Leopardo verwenden. Klebe als Mähne zwei fransig eingeschnittene Ovale aus Filz auf. Für den Schwanz nimmst du einen Wollstrang und flichst daraus einen Zopf; lass am Ende eine Quaste stehen.

Faucho Leopardo kommt

Fitus Fox ist Aufseher in einem Wildpark. Seine Aufgabe ist es, die Tiere zu schützen. Findet er ein krankes oder von Wilddieben angeschossenes Tier, betäubt er es mit seinem Gewehr und bringt es zur Station, um es gesund zu pflegen. Die Tiere sind seine Freunde. Keines von ihnen würde Fitus angreifen. Doch eines Tages wechselt ein geflecktes Tier in sein Revier. Fips traut seinen Augen nicht. Er rennt sofort zu seinem Freund Schlürf. »Schlürf, hey, Schlürf! Leopardo ist wieder da. Du musst Fitus Fox vor ihm warnen!« – »Oh, nein, doch nicht schon wieder dieser gefleckte, langbeinige Gernegroß«, sagt Schlürf, »wo der auftaucht, gibt's nur Ärger.« Er hebt seinen Rüssel und schon erklingt ein lautes Trompeten: »Töt – töt – töt, tööööt...« – Welches Abenteuer werden die Freunde wohl erleben?

Die vier Jahreszeiten

Sie sind die Kinder des Jahres: Prinz Frühling ist der Jüngste. Er weckt Mutter Natur. Erst wenn alles grünt und blüht, ist er zufrieden. Dann übergibt er die Regentschaft dem Sommer. Dieser trägt Sorge, dass Gras und Früchte wachsen. Denn nur so kann Bruder Herbst für gute Ernte sorgen. Wenn König Winter an die Macht kommt, tritt Ruhe ein.

Material

Modelliermasse, z. B. Fimo in Grasgrün, Mittelgrün, Gelb, Zitrone, Braun, Rot, Orange, Hellblau, Weiß

Acryllack in Rot, Schwarz und Weiß

Rundholz zum Ausrollen

Holzspieß

Bastelwerkzeug (siehe Seite 4)

Fimo-Modelliermasse wird geschmeidig, wenn man den Block in den Händen knetet. Nach dem Modellieren musst du Arbeitsgeräte und Hände sorgfältig reinigen.

1 Alle Figuren haben als Grundform einen fingerhutähnlichen Körper, der aus einem halben Block Fimo-Masse modelliert wird: Nimm den Block und forme eine Kugel. Setze sie auf den Zeigefinger und streiche immer wieder von oben nach unten über die Masse, so dass sie sich langsam über deinem Finger formt. Hebe die Masse immer wieder ab, so kann sie nicht kleben bleiben. Modelliere den Körper auf eine Länge von ca. 6 cm. Du kannst die Masse auch über einen fingerdicken Stift formen.

2 Den Körper des Frühlings modellierst du aus grasgrüner Masse. Rolle für den Haarschopf etwas von der übrigen Masse 1 mm dick aus. Schneide ein ca. 8 x 2 cm großes Rechteck aus. Schneide dieses entlang einer Längskante fransig ein.

3 Modelliere mehrere 1,5 cm lange Blätter aus der grasgrünen Masse. Setze diese dann von der Mitte aus auf den Kopf. Zum Andrücken der Blattenden kannst du den Holzspieß verwenden. Drapiere dann das Fransenteil, das du zuvor modelliert hast, um den Kopf herum; vorsichtig andrücken. Forme das Stirnband aus gelber Modelliermasse. Drücke den Wulst entlang des Haaransatzes fest. Modelliere zwei Blätter aus der hellgrünen Masse und setze diese als Ohren an den Kopf.

4 Für den Mantel des Frühlings rollst du erneut grasgrüne Modelliermasse dünn aus. Schneide ein ca. 11 x 3 cm großes Rechteck aus. Drücke die Kanten etwas flach und lege das Teil um den Körper. Modelliere nun noch die Nase und platziere sie auf dem Gesicht.

5 Zuletzt modellierst du die Blumen: Eine Tulpenblüte setzt du aus drei tropfenförmigen Stücken zusammen. Für eine Primelblüte modellierst du einen Kreis, kerbst ihn rundum ein und setzt in die Mitte ein farblich kontrastierendes Kügelchen hinein.

6 Für den Körper des Sommers verwendest du mittelgrüne Modelliermasse. Nimm dann etwas grasgrüne Masse und modelliere daraus den Sonnenblumenstängel. Modelliere zwei herzförmige Blätter mit Stiel und setze sie an den Stängel der Sonnenblume.

7 Für die Blüte modellierst du einen ca. 1 mm dicken, 3 cm großen Kreis aus brauner Masse; das Gleiche machst du mit gelber Masse. Lege beide Teile aufeinander. Modelliere dann 2,5 cm lange tropfenförmige Blütenblätter aus gelber Masse und setze diese rundum auf den braunen Kreis. Platziere die fertige Blüte auf dem Stängelende und drücke ein kleines, gelbes Kügelchen als Nase auf. Ergänze das Sommermotiv mit einem vierblättrigen Kleeblatt. Mit kleinen, roten Kügelchen kannst du Erdbeeren andeuten.

8 Den Körper des Herbstes machst du aus orangefarbener und die Wolke aus weißer Modelliermasse: Platziere einen ca. 2,5 cm großen weißen Kreis als Gesicht auf den Körper und arrangiere unterschiedlich große weiße Kugeln um den Kopf herum. Den Zylinder modellierst du aus einem ca. 3,5 cm großen Kreis und einem 7 x 1,5 cm großen Streifen aus brauner Masse.

9 Für die Weinrebe, die sich um den Körper des Herbstes rankt, rollst du mittelgrüne Modelliermasse zu dünnen Wülsten aus. Arrangiere die Wülste rund um den Körper. Modelliere dann mehrere 1,5 cm lange und 1,5 cm breite Blätter. Kerbe sie an jeder Seite zweimal ein und platziere sie entlang der Rebe.

Wenn du möchtest, kannst du auch Monatspüppchen basteln. Die Natur verändert sich ständig. Um ein passendes Motiv für einen Monat zu finden, brauchst du dir nur folgende Fragen zu stellen: Was ist so typisch an einem bestimmten Monat? Welche Ereignisse finden statt? Sicher fallen dir viele Antworten ein, um das Motiv zu gestalten.

Ein prächtiger Baum im Wechsel der vier Jahreszeiten.

Die Jahreszeiten entstehen durch die Neigung der Erdachse, die zur Sonne immer gleich ist. Wenn die Erde im Laufe eines Jahres um die Sonne wandert, ist einmal der Nordpol näher an der Sonne und einmal der Südpol. Ist der Nordpol nah, haben wir Sommer. Ist bei uns Winter, liegt der Südpol näher an der Sonne. In den Zeiten dazwischen herrscht der Frühling oder der Herbst.

10 Setze kleine, zitronengelbe Kügelchen als Trauben an die Rebe. Modelliere noch einen Drachen und ergänze damit die Herbstfigur.

11 Fertige den Körper des Winters aus hellblauer Masse. Der Umhang besteht aus einem weißen Rechteck von ca. 15 x 5 cm. Drücke als Eiskristalle jeweils drei 1,5 cm lange, dünne Wülste über Kreuz auf. Forme ein weißes Kügelchen als Nase. Fertige die Krone aus einem 8 x 1 cm großen, gelben Rechteck, das

du zackenförmig einschneidest. Das Zepter besteht aus einem blauen Griff und einer zitronengelben Kugel.

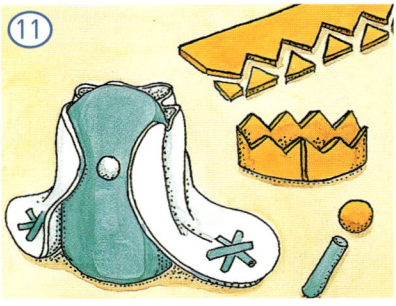

12 Wenn du alle Figuren fertig hast, musst du sie im Ofen härten. Lass dir dabei von einem Erwachsenen helfen. Den Ofen auf 130 °C vorheizen. Dann die Motive auf Backpapier stellen und 30 Minuten backen. Den Ofen ausschalten und warten, bis er abgekühlt ist. Jetzt erst erhalten die Figuren Gesichtszüge. Male diese mit Acryllack auf.

Die Sommerfigur kann auch die Sonne darstellen, die Herbstfigur eine Regenwolke. Wer von beiden hat wohl mehr zu sagen? Modelliere weitere Figuren dazu. Wie wäre es mit einem Schneeglöckchen, das den Frühling herbeiläutet? Lass deiner Phantasie freien Lauf.

Der Lauf des Jahres

König Winter regiert eifrig. Plötzlich spürt er einen warmen Luftzug. Ganz entsetzt ruft er: »Was ist das? Dieser Duft, den kenne ich doch!« Er dreht sich um und erschrickt beim Anblick des jungen Frühlings. »Was willst du?«, fragt der Winter grimmig. Der Frühling antwortet: »Ich bin gekommen, um dich abzulösen. Deine Zeit ist um.« – »Geh fort! Sieh doch nur, ich schmelze! Geh fort, fort, fort!«, ruft der Winter. Dann ist er weg. Der Frühling ist nun König. Er sagt zur Sonne: »Hilf mir, Mutter Natur aufzuwecken!«, und macht sich eifrig an die Arbeit. Plötzlich steht der Sommer neben ihm: »Lass es gut sein, lieber Frühling. Sieh doch nur, wie alles grünt und blüht. Lass es unter meiner Obhut in Ruhe wachsen.« Doch es dauert nicht lange und der Herbst bläst heran. »Ich grüße dich, Sommer, alles ist reif, nun kommt meine Zeit.«

Wilder Westen

Wer kennt sie nicht: Winnetou, seine Schwester Nscho-tschi, seinen Blutsbruder Old Shatterhand und dessen Freund Sam Hawkens. Große Abenteuer warten auf die vier Freunde im Fingerpuppentheater. Wenn du möchtest, kannst du zusätzlich zu dieser Figurengruppe ein paar Banditen basteln. Die Vorlagen findest du auf Seite 29.

Material

kurze Papprollen

Tonkarton in Hautfarbe, Schwarz und Braun

Wellpappe

Locker gewebter Stoff, z. B. Jute oder Filz

Fell, Plüsch und Wolle

kleine Federn

dicker Karton

Küchenbrett oder Pappe

Faserstifte, Deckweiß

Zirkel, Lineal

Bastelwerkzeug (siehe Seite 4)

Wenn du die Augen nicht aufmalen willst, male sie auf weißes Papier, schneide sie aus und klebe sie dann auf. Als Nase kannst du auch eine passend angemalte Wattekugel oder eine Holzperle aufkleben.

1 Der Grundaufbau aller Figuren ist gleich: Für den Kopf benötigst du ein Stück Papprolle von 4,5 bis 5 cm Länge. Umklebe es bündig mit hautfarbenem Karton. Schneide dann vier 5 cm große Quadrate aus dem gleichen Karton; klebe jeweils zwei aufeinander. Gib UHU auf ein Ende der Papprolle und setze es auf eines der Quadrate. Mit dem anderen Ende verfährst du ebenso. Sobald der Klebstoff getrocknet ist, schneidest du den überstehenden Karton ab.

2 Für den Hals wickelst du zuerst ein 10 x 5 cm großes Rechteck aus Wellpappe um deinen Finger und fixierst die Kante mit UHU. Umklebe das Teil zusätzlich mit einem hautfarbenen Kartonrechteck. Befestige den Hals an einem Kopfende; klebe ihn etwas aus der Mitte versetzt auf, so erhältst du Nacken und Kinn.

3 Nun paust du die Vorlage für den Körper ab. Übertrage die Form auf den hautfarbenen Karton. Schneide das Teil aus und klebe es auf ein ausreichend großes Jutequadrat; überstehenden Stoff abschneiden. Schneide ein 32 x 4 cm großes Juterechteck zu und ziehe längsseits bis auf vier Webfäden alle anderen heraus. Klebe das Fransenteil entlang der Körperkante fest.

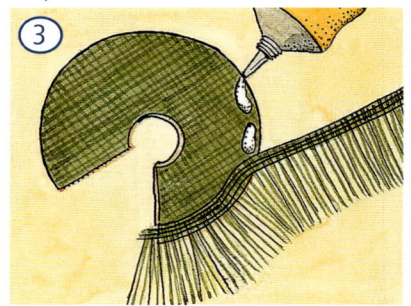

4 Du kannst für die Bekleidung der Figuren anstelle von Jute auch Filz verwenden. Klebe das Körperteil aus Karton dann einfach auf ein größeres Stück Filz. Miss ab der Kartonkante 2,5 cm rundum ab und schneide den Filz entsprechend zu; orientiere dich hierzu an der Vorlage. Bei einem Gewand aus Filz benötigst du keine separate Fransenborte. Schneide stattdessen die Filzkante bis zur Kartonkante fransig ein.

5 Nun legst du das Körperteil mit 2 cm Abstand zum Kopf um den Hals. Lass die Kanten auf der Rückseite 1 cm überlappen und klebe sie fest. Stelle die Figur auf den Kopf. Verbinde Halsausschnitt und Hals mit UHU.

6 Nachdem der Klebstoff getrocknet ist, kannst du die Haare aufkleben. Für Sam Hawkens schneidest du einen ca. 5 cm großen Kreis aus Fell; klebe ihn auf den Kopf. Schneide außerdem einen schmalen Fellstreifen zu und klebe diesen als Bart auf. Beim Bandit kannst du Plüschhaare aus einem 5 cm großen Kreis und einem 7 x 5 cm großen Rechteck aufkleben. Schneide das Rechteck vor dem Befestigen am Hinterkopf trapezförmig zu.

7 Für die Haare von Winnetou, Nscho-tschi und Shatterhand wickelst du Wolle zwei Finger dick über das Brett. Binde an einem Ende die Schlingen zusammen, das andere Ende schneidest du auf.

8 Um die Haare zu befestigen, musst du den oberen Teil des Kopfes vollflächig mit UHU einstreichen. Fächere die Wollfäden kreisförmig auseinander und klebe das Haarteil auf den Kopf; wenn nötig, nochmals Klebstoff auftragen, um lose Haare am Kopf zu fixieren. Nun kannst du Nscho-tschi Zöpfe flechten. Binde die Zöpfe am Ende mit Wolle ab. Winnetou erhält ein Stirnband aus Filz und Federschmuck. Shatterhand erhält einen Kurzhaarschnitt: Schneide den Pony und schräge die Haare nach hinten ab.

1492 entdeckte der Italiener Christoph Columbus Amerika. Da er glaubte, Indien entdeckt zu haben, nannte er die Ureinwohner »Indios« oder »Indianer«. Obwohl er falsch war, setzte sich der Begriff in der nachfolgenden Zeit in allen Sprachen durch. Der Ausdruck »Rothaut« kam durch die Sitte mancher Stämme, sich mit roter Farbe zu bemalen, nicht, weil die Indianer eine rote Hautfarbe hatten.

Du kannst Winnetou auch noch eine Silberbüchse – so heißt sein Gewehr in der Geschichte – basteln. Orientiere dich an der Vorlage für das Gewehr von Fitus Fox auf Seite 30 und überklebe dann die Kartonform einfach mit Silberfolie.

Karl May hat viele Reise- und Abenteuergeschichten geschrieben. Seine Geschichten handeln oft vom Leben der nordamerikanischen Indianer. Im Mittelpunkt stehen die beiden großmütigen Helden Winnetou – Häuptling der Apachen – und Old Shatterhand. Die Handlungen zeigen immer wieder die Feindseligkeit zwischen Indianern und weißen Siedlern. Auch die beiden Helden müssen einige Abenteuer überstehen, bevor sie Blutsbrüder werden.

9 Male die Gesichtszüge der Figuren mit Deckweiß und Faserstiften auf; orientiere dich an der Abbildung. Nun benötigst du noch spitze und hakenförmige Nasen aus Karton. Am besten ziehst du eine Gerade auf den hautfarbenen Tonkarton und zeichnest von dieser Linie aus untereinander verschiedene Nasenformen auf. Schneide die Nasen aus und klebe sie auf die Gesichter.

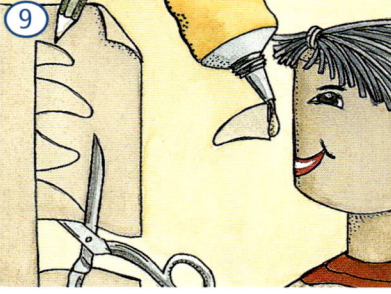

10 Zuletzt bastelst du noch zwei Hüte. Ziehe pro Hut zwei Kreise vom gleichen Mittelpunkt aus auf braunen oder schwarzen Tonkarton; einen mit 12 cm und einen mit 5 cm Durchmesser. Schneide den Innenkreis heraus, danach den äußeren Kreis aus; das ist die Hutkrempe.

11 Das Oberteil machst du aus einem 19 x 3 cm großen Kartonrechteck: Klebe es zu einem Ring zusammen. Klebe den Ring auf ein ausreichend großes Stück Karton, warte etwas und schneide dann überstehenden Karton ab. Klebe das fertige Oberteil auf die Krempe. Details wie Schmuck und Hutband kannst du nach Belieben gestalten.

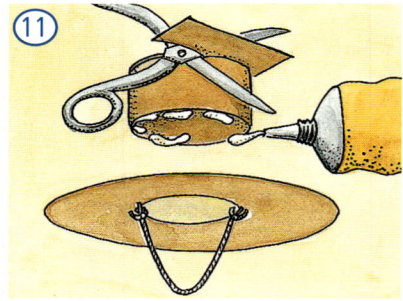

Überlege dir, wie du die einzelnen Spielfiguren ausstatten möchtest. Zum Beispiel mit einem Stirnband für Winnetou und Nscho-tschi aus Stoff oder Filz. Für Schmuckketten fädelst du Perlen auf Draht auf oder klebst halbe Korkscheiben auf einen Wollfaden auf.

Fangt den Banditen!

Der üble Bandit Joe Bad ist aus dem Kittchen von Salt Lake City ausgebrochen und plant einen Banküberfall. Sam Hawkens, der treue Freund von Old Shatterhand, hat heimlich belauscht, wie Joe einen Banküberfall plant. Sam reitet schnell zu Old Shatterhand und Winnetou. Aufgeregt erzählt er: »Freunde, Freunde, der böse Joe ist wieder in der Stadt und will die First Union Bank überfallen. Ich hab es genau gehört.« – »Das müssen wir unbedingt verhindern!«, entgegnen Winnetou und Old Shatterhand wie aus einem Mund. Die drei reiten los. Doch in der Zwischenzeit hat Joe Wind von der Sache bekommen und versucht Nscho-tschi in seine Gewalt zu bringen. Wie mag die Geschichte wohl weitergehen?

Sonne, Mond und Sterne

Wolli

Frau
Sonne

Herr
Mond

Zacki
Blitz

Schnupp

Donni
Wolke

Windvater mit Wolke

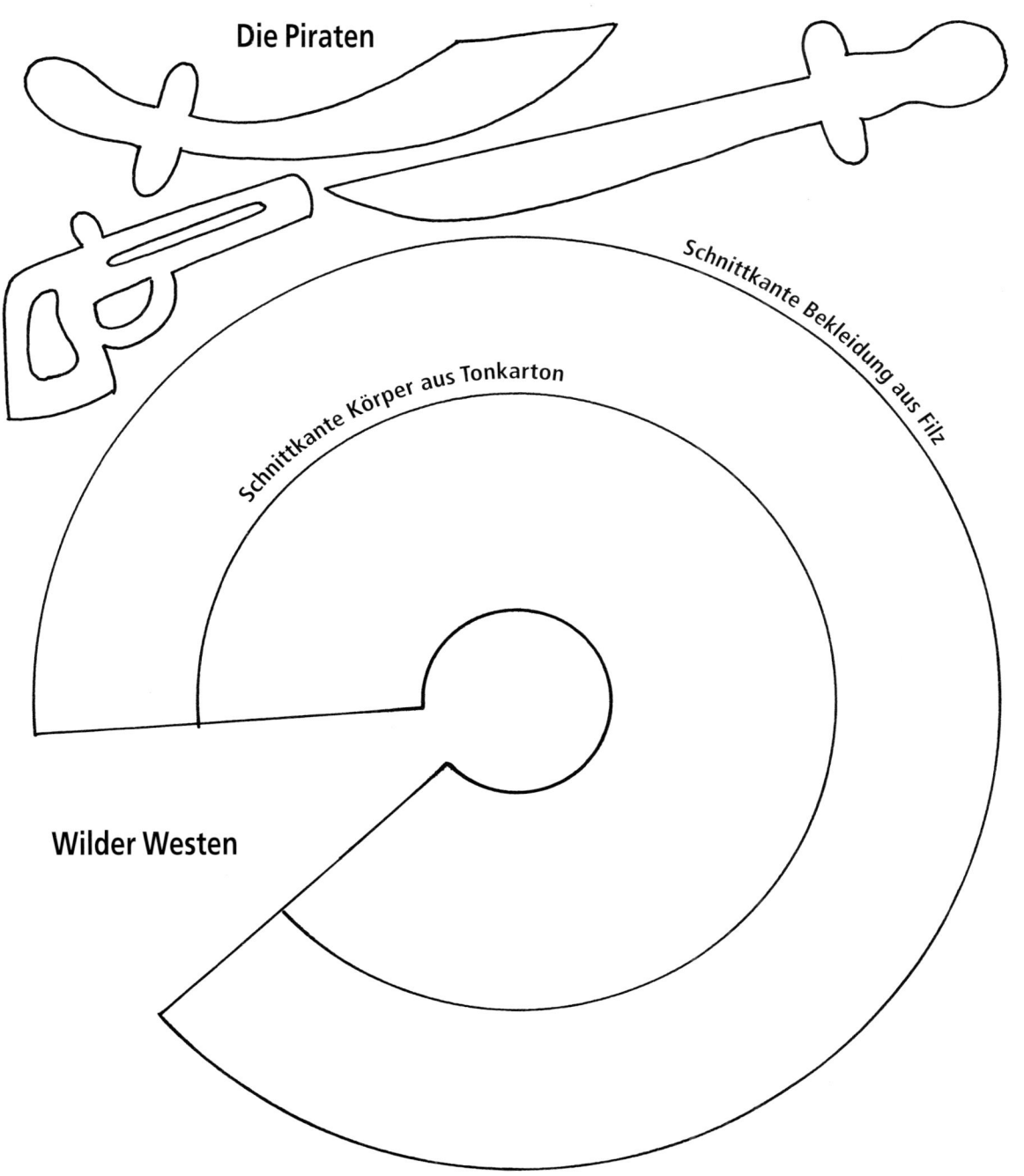

Die Piraten

Schnittkante Körper aus Tonkarton

Schnittkante Bekleidung aus Filz

Wilder Westen

Im Wildpark

Fips Klettermax

Faucho Leopardo

Fitus Fox

Schlecki Braunbär

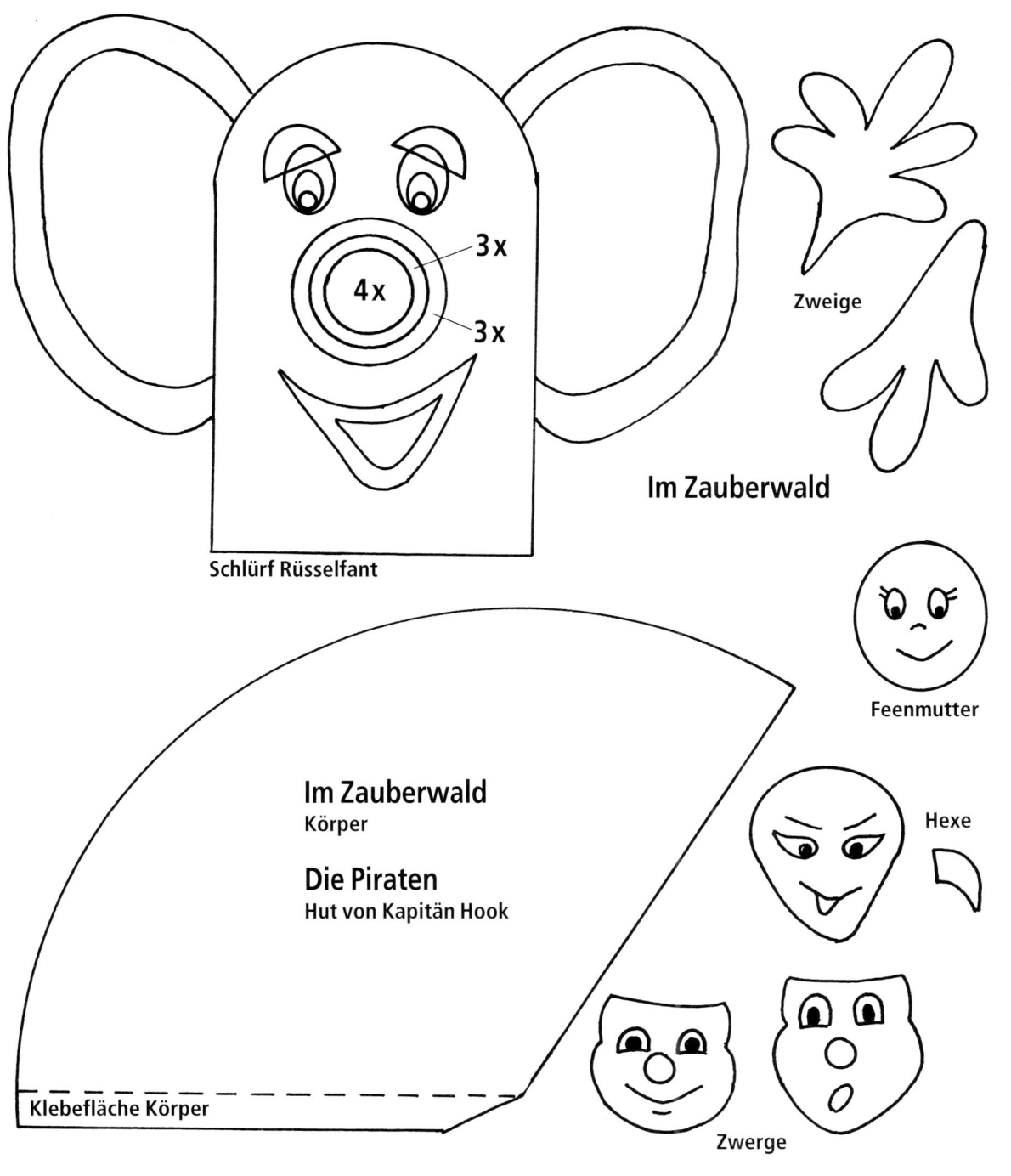

3 x

4 x

3 x

Schlürf Rüsselfant

Zweige

Im Zauberwald

Feenmutter

Im Zauberwald
Körper

Die Piraten
Hut von Kapitän Hook

Hexe

Klebefläche Körper

Zwerge

Über die Autorin

Bettina Hansen arbeitet seit 1989 als freie Redakteurin, Grafikerin und Autorin für renommierte Buch- und Zeitschriftenverlage. Im Vordergrund ihrer zahlreichen Veröffentlichungen steht das Basteln, Werken und Gestalten mit verschiedenen Materialien. Ihre Bücher richten sich sowohl an Kinder als auch an Erwachsene.

Bildnachweis

Fotos: Claudia Rehm und Achim Sass, Stockdorf/München, mit Ausnahme von: Nagy Michael, München: 2, 3 u., 14; Tony Stone, München: 21 (Rich Iwasaki)

Hinweis

Das vorliegende Buch ist sorgfältig erarbeitet worden. Dennoch erfolgen alle Angaben ohne Gewähr. Weder Autorin noch Verlag können für eventuelle Fehler oder Schäden, die aus den im Buch gegebenen praktischen Hinweisen resultieren, eine Haftung übernehmen.

Impressum

© 2000, Südwest Verlag, München, in der Econ Ullstein List Verlag GmbH & Co. KG, München.

Alle Rechte vorbehalten. Nachdruck – auch auszugsweise – nur mit Genehmigung des Verlages.

Redaktion:
Christopher Hammond
Projektleitung:
Sylvia Wohofsky
Redaktionsleitung:
Nina Andres
Illustrationen:
Anke Wätjen
Bildredaktion:
Tanja Nerger
Umschlag/Layout:
Manuela Hutschenreiter
DTP/Satz: Veronika Moga
Produktion:
Manfred Metzger (Leitung),
Annette Aatz,
Dr. Erika Weigele-Ismael
Druck: Color-Offset, München
Bindung: R. Oldenbourg, München
Printed in Germany

Gedruckt auf chlor- und säurearmem Papier

ISBN 3-517-06130-1